Fuentes primarias de la expansión hacia el Oeste

Lewis y Clark y la Compra de la Luisiana

Alicia Z. Klepeis

Traducido por Christina Green

Cavendish Square

New York

Published in 2018 by Cavendish Square Publishing, LLC
243 5th Avenue, Suite 136, New York, NY 10016

First Edition

CPSIA Compliance Information: Batch #CS17CSQ

All websites were available and accurate when this book was sent to press.

Library of Congress Cataloging-in-Publication Data
Names: Klepeis, Alicia, 1971-
Title: Lewis y Clark y la compra de la Luisiana / Alicia Z. Klepeis, translated by Christina Green.
Description: New York : Cavendish Square Publishing, [2018] | Series: Fuentes primarias de la expansión hacia el Oeste | Includes bibliographical references and index.
Identifiers: LCCN 2016054484 (print) | LCCN 2016054945 (ebook) | ISBN 9781502629012 (library bound) | ISBN 9781502629029 (E-book)
Subjects: LCSH: Lewis and Clark Expedition (1804-1806)--Juvenile literature. | West (U.S.)--Discovery and exploration--Juvenile literature.
Classification: LCC F592.7 .K57 2018 (print) | LCC F592.7 (ebook) | DDC 917.804/2--dc23
LC record available at https://lccn.loc.gov/2016054484

Editorial Director, Spanish: Nathalie Beullens-Maoui
Translator: Christina Green
Editor, Spanish: Maria Cristina Brusca
Editorial Director, English: David McNamara
Editor, English: Fletcher Doyle
Copy Editor, English: Nathan Heidelberger
Associate Art Director: Amy Greenan
Designer: Raúl Rodriguez
Production Coordinator: Karol Szymczuk

The photographs in this book are used by permission and through the courtesy of: Cover Ed Vebell/Archive Photos Getty Images; p. 5 Rembrandt Peale (1778–1860)/ New York Historical Society/File: Reproduction-of-the-1805-Rembrandt-Peale-painting-of-Thomas-Jefferson-New-York-Historical-Society 1.jpg/ Wikimedia Commons/Public Domain; p. 7 Jim Pruitt/Shutterstock.com; p. 8 Jacques-Louis David (1748–1825)/Palais des Beaux-Arts de Lille/The Yorck Project: 10.000 Meisterwerke der Malerei DVD-ROM, 2002. ISBN 3936122202. Distributed by DIRECTMEDIA Publishing GmbH/File: Jacques-Louis David 014.jpg/Wikimedia Commons/Public Domain; p. 10 Buyenlarge/Archive Photos/ Getty Images; p. 11 J. L. Bouqueto de Woiseri/Aquatint print by J. L. Bouqueto de Woiseri, via [1] (http://www.humanitiestexas.org/archives/digital-re pository/de-woiseri-view-new-orleans-taken-plantation-marigny-1803). Cropped version removing border, allegorical eagle and banner in upper portion, and slightly boosting contrast/File: View of New Orleans Under My Wings Every Thing Prospers Crop 2.jpg/Wikimedia Commons/Public Domain; pp. 15, 28, 40 © North Wind Picture Archives; pp. 16, 27 MPI/Archive Photos/Getty Images; p. 18 Library of Congress Prints and Photographs Division Washington, D.C.; p. 21 Corbis/Getty Images; pp. 23, 24 (right) Everett Historical/Shutterstock.com; p. 24 (left) Stock Montage/Archive Photos/Getty Images; p. 30 Hulton Archive/Getty Images; p. 33 Raymond Boyd/Michael Ochs Archives/Getty Images; p. 34 Hoppyh/own work/File: Lewis and Clark Map.png /Wikimedia Commons/CCA-SA 4.0 International; p. 36 Gerry Reynolds/Alamy Stock Photo; pp. 38-39, 43 Bettmann/Getty Images; p. 46 Steve Estvanik/Shutterstock.com; p. 47Albert Bierstadt (1830–1902)/ [1] (http://forum.netfotograf.com/photo_editing_sofware.asp?msg_id=29315)/File: Bierstadt Albert Oregon Trail.jpg /Wikimedia Commons/Public Domain; p. 49 Zack Frank/Shutterstock.com; p. 51 Unknown/http://digital.lib.uh.edu/cdm4/item_viewer.php? CISOROOT=/p15195coll35&CISOPTR=28&DMSCALE=25&DMWIDTH=600&DMHEIGHT=600&DMX=0&DMY=0&DMMODE=viewer&DMTEXT=&REC Author/File: Map of Free and Slave States.jpg/Wikimedia Commons/ Creative Commons CC0 1.0 Universal Public Domain Dedication.

Printed in the United States of America

CONTENIDO

INTRODUCCIÓN

Expandiendo el país

Cuando las personas, en la actualidad, observan un mapa de los Estados Unidos de América, ven un enorme país. Pero no siempre fue así. En los años 1800, el país era un tercio de lo que actualmente representa el área **continental** de Estados Unidos. Se extendía desde el océano Atlántico al este hasta el río Misisipi, en el oeste; y desde los Grandes Lagos del norte, casi hasta el golfo de México, en el sur. Esta área era aproximadamente de 1,000 millas (1,609 kilómetros) por 1,000 millas.

¿Dónde vivía la mayoría de los estadounidenses en ese momento? Cerca de dos tercios vivía a 50 millas (80 km) del océano Atlántico. La vida silvestre componía la mayoría del paisaje de la joven nación. El país tenía árboles, animales y una gran cantidad de recursos naturales. Los habitantes podían explorar estas tierras y recursos para mejorar su riqueza y sus condiciones de vida.

En marzo de 1801, Thomas Jefferson fue investido como tercer presidente de los Estados Unidos. De acuerdo con el censo de 1800, el país tenía 5,308,483 personas. Esto representaba un aumento en la población de 1,379,269 personas en comparación con el primer censo de los Estados Unidos de 1790. Muchos decían que había suficiente espacio en los Estados Unidos para todas esas personas, pero no todos pensaban como Thomas Jefferson. Además de ser en extremo inteligente, el nuevo presidente también era un soñador. Uno de los sueños de Jefferson era expandir el territorio de los Estados Unidos. Después de todo, muchos países europeos como Gran Bretaña tenían vastos imperios. Estos imperios llevaban nuevos alimentos, información y otros recursos a sus habitantes.

Rembrandt Peale pintó este retrato de Thomas Jefferson en enero de 1805.

Jefnhferson tenía la visión de un país que se extendiera desde el océano Atlántico hasta el Pacífico. Él creía que "esa era la forma en la que debían progresar las cosas para que el gobierno se expandiera". Esos nuevos y mejorados Estados Unidos serían poderosos y también serían ricos.

¿Cómo podía una nación joven como Estados Unidos transformarse en la nación con la que Jefferson había soñado? Es posible pensar que la expansión del territorio requeriría un conflicto con quienes controlaban los territorios limítrofes. Sin embargo, no fue así. A través de hábiles planes y negociaciones,

Crecimiento de la población y la expansión hacia el Oeste

El primer censo de los Estados Unidos se realizó en 1790. Un nuevo censo se realiza cada diez años desde entonces. Abajo se muestra la población de los Estados Unidos medida en cada censo durante la expansión, y el porcentaje de cambio desde el censo anterior.

Año	Población	Porcentaje de cambio
1790	3,929,214	–
1800	5,308,483	35.1
1810	7,239,881	36.4
1820	9,638,453	33.1
1830	12,860,702	33.4
1840	17,063,353	32.7
1850	23,191,876	35.9
1860	31,443,321	35.6
1870	38,558,371	22.6

la flamante nación duplicó su tamaño sin ir a la guerra. Los Estados Unidos tuvieron una expansión gigantesca y rápida hacia el Oeste, mediante el Tratado de Compra de la Luisiana. Muchos historiadores se refieren a esto como el "contrato de bienes raíces más grande de la historia".

Los Estados Unidos le compraron a Francia el territorio en lo que ahora se conoce como "la Compra de la Luisiana", en 1803, por $15 millones. La compra añadió 828,000 millas cuadradas (2.1 millones de kilómetros cuadrados) a los Estados Unidos. Este nuevo territorio se extendía al oeste del río Misisipi hasta las Montañas Rocallosas. Parte de quince estados actuales de los Estados Unidos nacieron de las tierras que compró Jefferson.

El presidente Jefferson hizo arreglos para que una expedición explorara las tierras de la Compra de la Luisiana. El secretario de Jefferson, Meriwether Lewis, y su amigo del ejército, William Clark, encabezaron el grupo de exploración. Al equipo se le dio el nombre de *Cuerpo de Descubrimiento*. Estos hombres recogieron gran cantidad de información sobre las tierras y las personas del territorio de Luisiana, un tremendo regalo para la nación.

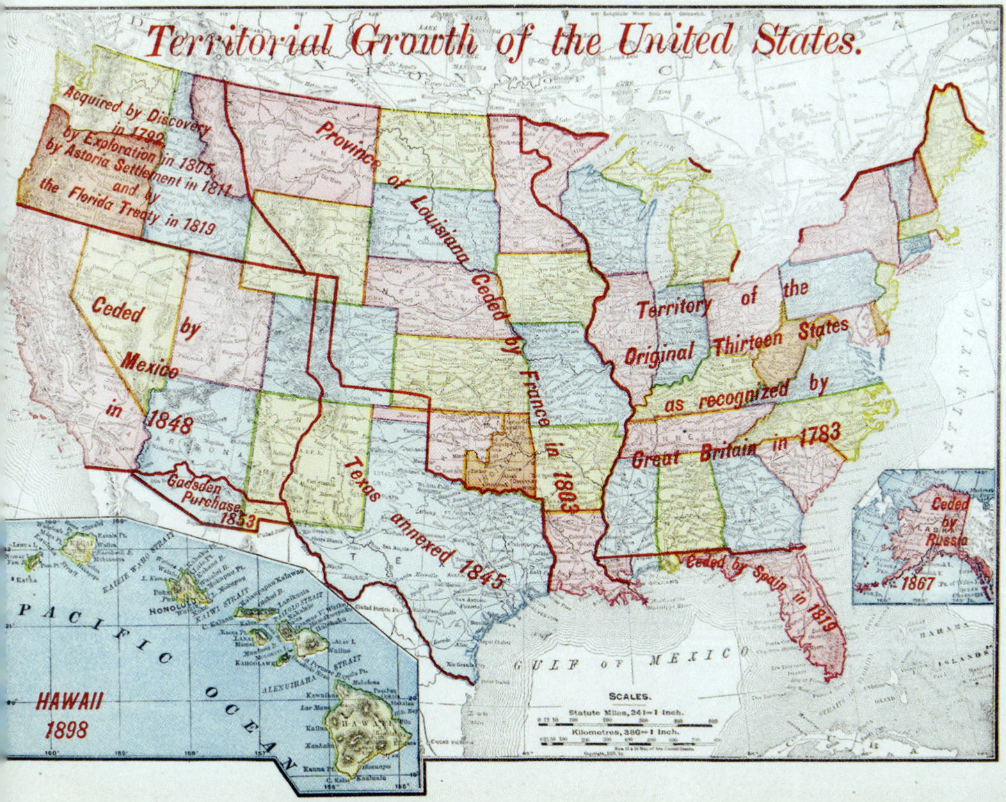

Impreso en 1900, este mapa muestra cómo crecieron los Estados Unidos a través del tiempo. Este mapa apareció en el *Atlas Mundial de Spofford.*

El artista Jacques-Louis David pintó este retrato de Napoleón en 1805.

CAPÍTULO UNO

La nación crece

Cuando Thomas Jefferson asumió el cargo de presidente, Estados Unidos era un país aún muy joven. En otros lugares de Norteamérica, otras naciones habían reclamado territorios que pertenecen actualmente a los Estados Unidos. Gran Bretaña era uno de ellos, España era otro. En 1800, España reclamó una buena parte de territorio norteamericano, incluyendo el territorio de Luisiana. España también gobernaba las dos Floridas en ese momento. La Florida Occidental cubría lo que ahora son las regiones del sur de Alabama y Misisipi, y la parte oriental de Luisiana. La Florida Oriental incluía la mayor parte de lo que ahora es el estado de Florida.

Poco después de asumir el cargo, Jefferson comenzó a oír rumores sobre un acuerdo entre España y Francia. Jefferson escuchó que España le había cedido los territorios de Luisiana y Nueva Orleans a Francia. ¿Por qué era esto importante? A diferencia de España, cuyo poder en ese momento estaba declinando, Francia era una nación fuerte. Napoleón Bonaparte era su líder.

Este mapa de 1803, realizado por John Luffman, muestra parte de Norteamérica, incluyendo los Estados Unidos, Luisiana, California, México, Labrador y "partes desconocidas".

En 1802, los oficiales estadounidenses en Francia descubrieron que esos rumores eran ciertos. Francia y España habían firmado un tratado secreto, el Tratado de San Ildefonso. De acuerdo a este tratado, España le devolvía Luisiana a Francia. Anteriormente, Francia le había cedido el territorio a España como parte de un acuerdo mayor para poner fin a la guerra Franco-India, en 1763. A cambio, Francia le dio a España el territorio de Italia conocido como Reino de Etruria.

Jefferson se preguntaba cuáles serían los planes de Napoleón al adquirir tantas tierras en Norteamérica. El ministro de Asuntos Externos de Francia, Charles-Maurice de Talleyrand, dio la respuesta. Escribió al momento del tratado:

> Dejar a la Corte de Madrid que ceda estos distritos a Francia, y desde ese momento el poder de los

Estados Unidos dependerá del límite que convenga a los intereses y a la tranquilidad de Francia y España aquí. La República Francesa… será el muro de bronce impenetrable para las fuerzas conjuntas de Inglaterra y Estados Unidos.

Napoleón quería crear un imperio más grande y más fuerte. Jefferson pensaba que eso jamás pasaría. Él tenía sus propios planes de conquista del continente.

Nueva Orleans

Una parte muy importante del territorio que Francia había adquirido de España era Nueva Orleans. Como lo indicó Thomas Jefferson: "Existe en la tierra un solo lugar cuyo dueño es nuestro enemigo natural y habitual. Es Nueva Orleans, a través del cual tres octavos de nuestros productos deben llegar al mercado". Esta ciudad costera era esencial para el comercio de bienes de los Estados Unidos.

A comienzos de la década de 1800, no había caminos que conectaran los mercados y no había caminos que conectaran

J. L. Bouqueto de Woiseri creó esta obra para celebrar la Compra de la Luisiana. La bandera del águila dice: "Bajo mis alas, todo prospera".

los mercados y las ciudades de la costa este de los Estados Unidos con los granjeros y habitantes de los territorios occidentales del país. Actualmente, un granjero de Kentucky puede enviar sus cultivos por camión a la Costa Este en menos de un día. En los tiempos de Jefferson, un granjero tenía que enviar sus bienes en barco por el río Misisipi hasta Nueva Orleans. Luego seguiría por mar al golfo de México, rodeando el extremo de la Florida y continuaría al norte por la costa atlántica hacia Nueva York. Era un proceso mucho más lento.

Cuando España tenía el control de Nueva Orleans, les permitió a los ciudadanos de Estados Unidos el libre acceso al río Misisipi. También les dio el "derecho de almacenar bienes" allí. Esto permitió a los habitantes usar el río para enviar sus bienes hasta Nueva Orleans sin pagar aduana a las autoridades españolas. Si Francia cambiaba su política de impuestos, le crearía un gran problema a los Estados Unidos. Los comerciantes tendrían que cobrar más por sus bienes para cubrir los impuestos. Lo mismo les sucedería a los granjeros y comerciantes de pieles.

Jefferson decidió hacer algo, pero solo en caso de que Francia decidiera poner un impuesto a los estadounidenses por usar el Misisipi y Nueva Orleans. Envió a París a un **diplomático** llamado Robert Livingston. Livingston había ayudado a redactar la Declaración de Independencia, décadas antes. Jefferson le dijo a Livingston que le comprara Nueva Orleans a Francia. Livingston trabajó arduamente para convencer a los franceses de que le vendieran el territorio a los Estados Unidos. Usó su gran capacidad de negociación, pero no tuvo suerte.

Jefferson sabía que Francia podría no venderle el territorio deseado a los Estados Unidos. Sin embargo esperaba que, al menos, acordara darle a los Estados Unidos paso libre por el río Misisipi y derecho de comercio en el puerto de Nueva Orleans. En octubre de 1802, los estadounidenses perdieron el derecho de almacenar sus bienes en los depósitos de Nueva Orleans.

Todos en los Estados Unidos estaban furiosos, en especial quienes vivían en los territorios occidentales. Algunos hablaban de ir a la guerra. El senador de Pensilvania, James Ross, que era miembro del Partido **Federalista** de oposición, apoyaba públicamente la ocupación de la ciudad de Nueva Orleans con 50,000 hombres.

Haciendo un trato en París

El presidente Jefferson y su secretario de Estado, James Madison, querían resolver el asunto de Nueva Orleans. Ellos creían en el uso de los canales diplomáticos (conversar para resolver las cosas) para lograrlo. Al ver que la situación empeoraba, Thomas Jefferson hizo una recomendación. Propuso que James Monroe viajara a París para ayudar a Livingston con las negociaciones. Monroe había sido ministro de Estados Unidos en Francia durante el gobierno de George Washington; además, tenía tierras en Kentucky. Monroe abogaba por las personas de los territorios occidentales.

Jefferson le dio a Monroe instrucciones para que pagara hasta $10 millones para comprar Nueva Orleans y parte, o toda, de la Florida oriental y occidental (estas tierras aún pertenecían a España, aunque no formarían parte de Estados Unidos hasta 1819). Si esto no funcionaba, Monroe debía tratar de comprar solo Nueva Orleans. La última opción era asegurar el acceso de los Estados Unidos al río Misisipi y su puerto. Jefferson dijo: "Todos los ojos, todas las esperanzas descansan sobre ustedes... pues el destino futuro de esta república depende del resultado de esta misión".

Mientras Monroe viajaba por mar a Francia, Napoleón se reunía con su ministro de finanzas, François de Barbé-Marbois, para hablar de los problemas de dinero de Francia. Francia tenía, además, otros conflictos en Europa y en el Caribe. Después de las conversaciones entre Napoleón y Barbé-Marbois, Francia cambió su política sobre la venta de territorios a los Estados Unidos.

El 11 de abril de 1803 (el día antes de la llegada de Monroe a París), Talleyrand le hizo a Livingston una increíble oferta. Francia vendería Luisiana, incluyendo Nueva Orleans, a los Estados Unidos. Pero Francia pedía más dinero que el autorizado por el presidente Jefferson.

¿Qué podían hacer Livingston y Monroe? Habría tomado mucho tiempo obtener el permiso del presidente Jefferson

(Continúa en la página 16)

Por qué Napoleón vendió Luisiana

El territorio de Luisiana era inmenso. Tenía ríos, bosques y muchos recursos naturales. También incluía la valiosa ciudad costera de Nueva Orleans. Es posible preguntarse por qué Francia repentinamente cambió de opinión y acordó vender Luisiana a los Estados Unidos. La respuesta tiene que ver con asuntos mundiales.

Napoleón era un brillante líder militar que había conquistado grandes áreas de Europa. En algún momento, Napoleón esperaba crear su propia base poderosa en las Américas. Pero Francia tenía problemas con su colonia del Caribe, Saint-Domingue, (actualmente Haití). Las plantaciones de azúcar producían mucho dinero para Francia, pero los esclavos y negros libres se estaban levantando contra los franceses. Toussaint L'Ouverture, el líder del movimiento haitiano por la independencia, había formado un ejército para luchar contra los franceses. Estos rebeldes comenzaron a ganar batallas contra el ejército francés.

En 1801, Napoleón envió a decenas de miles de hombres a Saint-Domingue. Pero, además de las fuerzas de L'Ouverture, la malaria y la fiebre amarilla mataron a muchos soldados franceses. Los franceses capturaron a L'Ouverture y lo encarcelaron. Napoleón, entonces, envió a otro grupo de soldados del territorio de Luisiana a Saint-Domingue. Sin embargo, los franceses perdieron el control sobre la colonia.

Enviar soldados desde Francia al Caribe era costoso. Igual lo era mantener un imperio a miles de millas de distancia. François de Barbé-Marbois, el ministro de finanzas de Napoleón, le aconsejó que abandonara su sueño de crear un imperio en América. Parecía que Francia podía entrar en guerra con Gran Bretaña. Gran

Bretaña y Francia peleaban por controlar Europa, y Europa era más importante para Napoleón que América. Francia necesitaba dinero para sus cofres de guerra, y la venta de Luisiana le aportaría dinero a Francia. Otra ventaja para Francia era que si los Estados Unidos controlaban estos territorios, Gran Bretaña perdería influencia en el Nuevo Mundo.

Este cuadro pintado a mano sobre madera muestra a Toussaint L'Ouverture, conocido como el Libertador de Haití.

para pagar más, a través de cartas enviadas por mar. Entonces, negociaron el mejor trato posible. El 30 de abril, Francia y

Esta imagen muestra a James Monroe y a Robert Livingston negociando con Talleyrand para la Compra de la Luisiana en abril de 1803.

Estados Unidos llegaron a un acuerdo. Estados Unidos pagaría $15 millones por el territorio de Luisiana, incluyendo Nueva Orleans.

El 30 de junio de 1803, el periódico *Boston Independent Chronicle* anunció: "¡Luisiana es cedida a los Estados Unidos!".

Pero el Senado aún tenía que **ratificar** el Tratado de Compra de la Luisiana. La Cámara de Representantes tenía que financiarlo, y por último, el presidente debía firmarlo.

Reto constitucional

Thomas Jefferson sabía que el añadir este nuevo territorio era una increíble oportunidad para los Estados Unidos. Él pensaba que la expansión occidental era la solución para sanear el país. En su opinión, la propiedad de la tierra, en especial de las pequeñas granjas, era una parte importante de la independencia y de la **virtud**. Si Estados Unidos quería proporcionar suficiente territorio para el crecimiento de la población, debía seguir expandiéndose.

Jefferson también tenía algunas preocupaciones. No estaba seguro de que esa compra estuviera permitida por la Constitución. Jefferson siempre pensó que los poderes del Gobierno federal debían ser interpretados estrictamente. El Artículo IV, Sección 3 de la Constitución de los Estados Unidos dice:

> El Congreso puede admitir nuevos estados en la Unión; pero no se formarán ni erigirán estados dentro de la jurisdicción de ningún otro estado, ni ningún estado se formará por la conjunción de dos o más estados, o partes de estados, sin el consentimiento de las legislaturas de los estados afectados, así como del Congreso.

La Constitución decía que era posible agregar nuevos estados al país. No decía nada sobre añadir territorios extranjeros. Jefferson pensó que era necesario añadir una enmienda constitucional para abordar este asunto. En 1803, le escribió una carta al exgobernador de Delaware y asesor informal John Dickinson:

> El Gobierno general tiene el poder que le otorga la Constitución… No se le ha dado el poder de poseer territorios extranjeros, y aún menos incorporarlos a la Unión. Una enmienda a la Constitución parece ser necesaria.

El presidente Jefferson redactó una enmienda que le daría permiso para la Compra de la Luisiana **retroactivamente**. Sin embargo, los miembros del gabinete le dijeron que una enmienda era una mala idea. Al senador Wilson Cary Nicholas, de Virginia, le preocupaba que la mención de la enmienda causara que alguno de los viejos republicanos rehusaran aprobar el tratado. Los viejos republicanos se oponían a cualquier alteración de la Constitución de los Estados Unidos.

Thomas Jefferson no era el único en tener serias preocupaciones sobre la Compra de la Luisiana. Aunque su preocupación se basaba principalmente en la constitucionalidad del tratado, muchas personas se expresaron en contra de la idea de expandirse hacia el Oeste por más de una década. Paine Wingate, un senador federalista de Massachusetts, se mostró preocupado en una carta al empresario y líder cívico de Nuevo Hampshire, Samuel Lane, del 2 de junio de 1788:

> Es cierto que el [Oeste] es inmensamente grande, tiene un suelo excelente y es capaz de sostener a un vasto número de habitantes, pero creo que alejará a nuestros jóvenes más valiosos y emprendedores, impedirá la población de nuestros viejos estados y prevendrá el establecimiento de fábricas. En general, dudo si, en nuestros tiempos, esas tierras nos harán daño en lugar de darnos una ventaja.

La caricatura política de James Akin, de 1804, muestra a Jefferson como un perro de pradera picado por un abejorro (con la cabeza de Napoleón) y tosiendo $2 millones.

Sistema de dos partidos

George Washington, el primer presidente de los Estados Unidos, se oponía a las facciones políticas, pero los dos primeros partidos políticos se formaron durante su mandato.

El Partido Federalista, que tenía a John Adams y a Alexander Hamilton entre sus miembros, estaba a favor de un fuerte Gobierno central. Sus miembros escribieron los Ensayos Federalistas. Entre los aportes que los federalistas hicieron al país antes de disolverse en 1820, están el sistema judicial nacional, una economía nacional y los principios de política exterior.

Los federalistas se oponían al Partido Demócrata-Republicano, que ponía el énfasis en los derechos de los estados, promovía la Carta de Derechos y apoyaba una interpretación estricta de la Constitución para limitar el poder del Gobierno federal. Thomas Jefferson fundó este partido. Favorecía una economía basada en la industria agrícola y un Gobierno democrático, descentralizado.

A muchos federalistas también les preocupaba que la Compra de la Luisiana redujera su poder político. Les preocupaba que los votantes en los nuevos estados del Oeste se aliaran con Jefferson y su Partido Demócrata-Repúblicano en los asuntos políticos nacionales. Muchos pensaban que estos nuevos estados reducirían la mayoría federalista en algunas regiones y quizás causaran la extinción de su partido político. Todos los senadores federalistas, excepto uno, votaron contra la ratificación del Tratado de Compra de la Luisiana.

Altos costos y malas tierras

Algunos estaban preocupados por el alto precio de Luisiana. El excongresista Fisher Ames expresó el sentimiento de estas personas indicando: “Estamos a punto de dar dinero, del cual tenemos poco, por tierras, de las cuales tenemos demasiado". El *Columbian Centinel*, un periódico de Boston, dijo sobre este asunto: "LA ADICIÓN DE LUISIANA ES SOLO UNA EXCUSA PARA SACARNOS UNA ENORME SUMA DE DINERO". El *Hartford Courant* compartió las dudas de los federalistas con sus lectores:

> ¡Quince millones de dólares por ciénagas, montañas e indios! ¡Quince millones de dólares por terrenos deshabitados y refugios para criminales! Y, ¿para qué? Para aumentar el poder de los políticos de Virginia. Para añadir millones a las arcas de Napoleón en la víspera de la guerra con Inglaterra.

Muchos habitantes temían que Estados Unidos no pudiera actuar de forma independiente si le debía mucho dinero a otros países. Estados Unidos tuvo que pedir prestado millones de dólares a bancos europeos para comprar Luisiana, y tendría que pagar ese dinero con intereses. Algunos querían a los países extranjeros fuera de su continente, tanto en las finanzas como en persona.

Otro argumento contra la compra del territorio de Luisiana a Francia era que Estados Unidos no necesitaba más tierras. Las personas creían que el joven país era lo suficientemente grande y ya tenía lugar para que las personas se establecieran.

La esclavitud y la Compra de la Luisiana

Un amplio debate sobre la expansión hacia el Oeste y la Compra de la Luisiana se centraba en la pregunta de si este nuevo vasto territorio permitiría la esclavitud. El Sur estaba a favor de la expansión de la esclavitud en las nuevas tierras. El Norte estaba muy en contra de dicha expansión.

El senador Timothy Pickering, de Massachusetts, pensaba que la compra era un intento de expandir el poder de los dueños de esclavos del Sur. Y Uriah Tracy, senador de Connecticut dijo: "La fuerza relativa que esta admisión le da

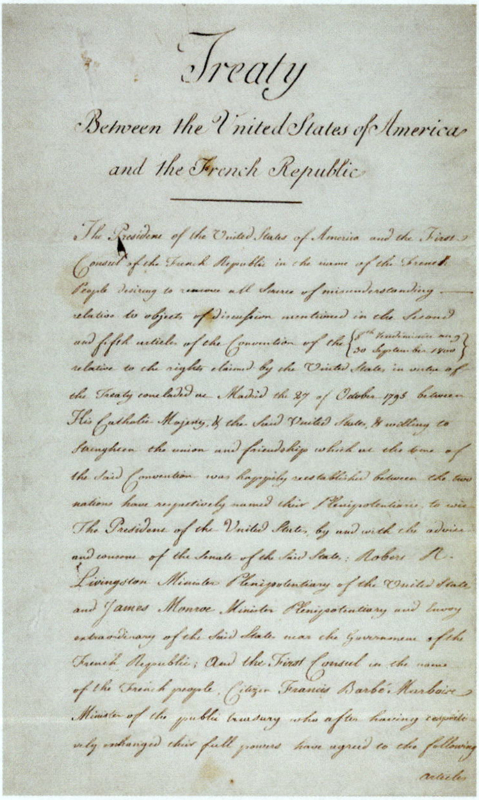

Treaty

Between the United States of America and the French Republic

The President of the United States of America and the First Consul of the French Republic in the name of the French People desiring to remove all Source of misunderstanding relative to objects of discussion mentioned in the Second and fifth articles of the Convention of the {8th Vendémiaire an 9 / 30 September 1800} relative to the rights claimed by the United States in virtue of the Treaty concluded at Madrid the 27 of October 1795 between His Catholic Majesty & the Said United States, & willing to Strengthen the union and friendship which at the time of the Said Convention was happily reestablished between the two nations have respectively named their Plenipotentiaries to wit The President of the United States, by and with the advice and consent of the Senate of the Said States; Robert R. Livingston Minister Plenipotentiary of the United States and James Monroe Minister Plenipotentiary and Envoy extraordinary of the Said States near the Government of the French Republic; And the First Consul in the name of the French people, Citizen Francis Barbé Marbois Minister of the public treasury who after having respectively exchanged their full powers have agreed to the following articles

Este documento original es el Tratado que cedió el territorio de Luisiana de Francia a los Estados Unidos.

a los intereses del Sur y del Oeste contradice los principios de nuestra unión original". Quienes se oponían a la esclavitud en las nuevas tierras se preocupaban de lo difícil que sería para los colonos sin esclavos competir con quienes tenían esclavos. Sería menos costoso para los que tenían esclavos sembrar y cultivar, pues tenían trabajadores a quienes no les pagaban.

Algunas personas en el Sur se oponían a la expansión hacia el Oeste. Temían que los nuevos estados creados en el Oeste votaran contra la esclavitud e inclinaran la balanza nacional a favor de los estados que se oponían a la esclavitud (en vez de los estados esclavistas). El Congreso se reunió en octubre de 1803 para considerar la Compra de la Luisiana con un plazo pendiente. De acuerdo a los términos de las negociaciones de Monroe y Livingston, los Estados Unidos tenían solamente seis meses a partir del acuerdo del 30 de abril para que el tratado fuera aprobado. Después de dos días de debate, el Senado ratificó el Tratado de Compra de la Luisiana, el 20 de octubre de 1803. Estados Unidos tomó formalmente posesión de estas tierras el 30 de diciembre de 1803.

CAPÍTULO
DOS

Venciendo retos

Mucho antes de que los Estados Unidos adquirieran el territorio de Luisiana, Thomas Jefferson tenía planes para la región. Él quería que los exploradores descubrieran qué había más allá de la frontera de los Estados Unidos. El presidente Jefferson le pidió al Congreso, en una carta enviada en enero de 1803, $2,500 para financiar una expedición que explorara el Oeste. Jefferson la describió como una exploración comercial y no como un paso hacia la expansión, para evitar la oposición de los federalistas. El Congreso aprobó esta solicitud por un amplio margen en el invierno de 1803.

Esa primavera, el presidente Jefferson seleccionó a Meriwether Lewis, su secretario privado, para que liderara la expedición. Lewis, un antiguo oficial del ejército, era un científico **aficionado** y hábil colonizador. Se permitió a Lewis llevar a un compañero a la expedición; y él invitó a su amigo William Clark. Clark había pasado gran parte de su vida en las fronteras de Kentucky y Ohio. Allí había aprendido a negociar y luchar con los nativos americanos. Clark aceptó la invitación de Lewis.

William Clark en un cuadro de 1807.

Problemas de pasaporte

A comienzos de la década de 1800, las personas no usaban un pasaporte para viajar. Había que escribir cartas a quienes gobernaban esas tierras a las que se deseaba viajar. Thomas Jefferson escribió estas cartas para Lewis. Jefferson quería que esta expedición pudiera viajar libremente en territorio extranjero. En ese momento, Inglaterra reclamó la mayor parte del territorio de Oregón. Igualmente, gran parte del suroeste era considerada parte del Imperio español.

En sus cartas a estas naciones europeas, Jefferson describió la expedición como una misión científica, no como un viaje "comercial". Inglaterra, Francia y España se habrían opuesto a la idea de que Estados Unidos tratara de buscar oportunidades y socios comerciales en sus territorios.

Francia e Inglaterra emitieron permisos, pero España nunca lo hizo. ¿Por qué? El embajador español dudaba de las **intenciones** de la expedición indicada por Jefferson.

Preparativos

La mayor parte de 1803 pasó haciendo los preparativos para la expedición. Lewis fue a Filadelfia para estudiar **Zoología**, **Botánica** y mineralogía. También estudió cómo navegar guiándose por las estrellas. Lewis también aprendió medicina con el muy respetado Dr. Benjamin Rush.

El físico y educador estadounidense Benjamin Rush en su escritorio.

Clark compró los suministros para la expedición. Entre otras cosas, había mantas de lana, tiendas de campaña, instrumentos científicos, rifles, cuernos para llevar la pólvora y plomo para hacer balas.

La expedición necesitaba armas para cazar y también para protegerse. Lewis y Clark no estaban seguros de cómo los recibirían los nativos que vivían al oeste del territorio estadounidense conocido. Se sabía que algunos grupos eran hostiles a los forasteros.

Lewis y Clark planeaban atravesar las tierras de muchas tribus. Para mostrar una intención amistosa con los nativos, llevaron una variedad de regalos: abalorios de colores, navajas, espejos, tabaco y whisky. También llevaron ochenta y nueve "medallas de la paz". Estas medallas tenían en una cara la imagen del presidente Jefferson; y en la otra mostraban un apretón de manos con la leyenda "Paz y Amistad".

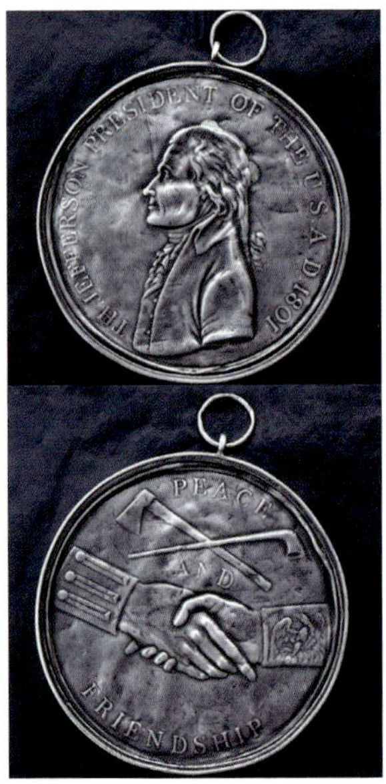

Medallas de paz llevadas en la expedición.

Cuando la expedición de Lewis y Clark comenzó su travesía, en mayo de 1804, el grupo tenía más de treinta hombres que habían sido elegidos por sus particulares destrezas. El grupo expedicionario comenzó a conocerse como el Cuerpo de Descubrimiento.

Los hombres fueron elegidos por sus destrezas particulares. Por ejemplo, Patrick Gass era carpintero. Silas Goodrich era un experto pescador. Algunos de los hombres tenían padre blanco y madre nativoamericana.

Mensaje del presidente

Durante su viaje por el río Misuri, Lewis y Clark se encontraron con muchas tribus nativoamericanas. Para cuando el Cuerpo de Descubrimiento llegó a las planicies del norte, ya había habido más de medio siglo de contacto entre los grupos nativos y los viajeros blancos.

El presidente Jefferson les había dado a Lewis y Clark instrucciones claras sobre los mensajes que deseaba enviar a los nativos americanos. Los capitanes debían explicarles a los líderes de las tribus que sus tierras ahora pertenecían a los Estados Unidos. También debían informar a los nativos que el presidente Thomas Jefferson debía ser considerado su “gran padre”. Este es un ejemplo del lenguaje que el capitán Meriwether Lewis usó en su discurso con los yankton-siux, el 30 de agosto de 1804:

> Hijos. Sus viejos padres, los franceses y los españoles, se han marchado por el gran lago hacia el sol naciente… Hijos, el gran jefe de diecisiete naciones de América se ha convertido en su único padre. Él nos ha ordenado… que emprendamos este largo viaje… Hijos, hagan estas cosas que su gran padre les aconseja y sean felices… pero tan solo un paso en falso causará el desagrado de su gran padre sobre su nación… Sigan estos consejos y no tendrán nada que temer… y el futuro les verá multiplicarse en mayores números que los árboles del bosque.

Dar este tipo de discurso a los independientes y orgullosos nativos americanos era una jugada atrevida. Muchos dirían que este comportamiento era ofensivo. Después de todo, las tribus nativoamericanas habían vivido en esas tierras por muchos miles de años antes de la llegada del Cuerpo de Descubrimiento.

Los nativos americanos no esperaban ni recibieron con agrado la política y la **diplomacia.** A menudo aceptaban los regalos que los exploradores les traían, por curiosidad, gentileza u hospitalidad. Pero los nativos americanos no creían que esos objetos afectaran su propia **soberanía** nacional. No pensaban que los regalos los obligarían repentinamente a seguir a un padre que estaba lejos. Les molestaba la idea de que este grupo de expedición les pidiera que fueran obedientes a los deseos de un líder que estaba en Washington, DC.

Problemas con los siux

En el verano de 1804, la expedición alcanzó las tierras de las naciones misuri y oto, en lo que hoy es la frontera de Iowa y Nebraska. Estos grupos, que cazaban bisontes y se dedicaban a la agricultura, eran en general amigables. Sin embargo, Lewis quería que los oto y misuri dejaran de saquear a las otras tribus de la zona. Estos pueblos nativos estaban decepcionados con los regalos de tabaco, perlas y pintura. Habiendo visto el enorme suministro de materiales en el barco de la expedición, sintieron que los regalos eran más bien pequeños. Los oto y los misuri buscaban un sistema de comercio abierto que fuera más confiable. Lewis y Clark no podían garantizar un sistema como ese en aquel momento, así que no se logró mucho en este primer **concejo.**

El resultado de las interacciones entre los pueblos misuri y oto fue aceptable, pero no excelente. Sin embargo, una vez que Lewis y Clark entraron en el territorio siux, las cosas empeoraron. El grupo teton de los siux (también conocidos como los lakota) eran notorios por su afán de guerra. Atacaban a las tribus **sedentarias** de la región. Su reputación era conocida en Washington, aún antes de la partida de la expedición.

Lewis y Clark sostienen una reunión con las tribus omaha y oto en Council Bluffs, Iowa. Esta imagen es del diario de Patrick Gass.

Habían intimidado tanto a los españoles como a los franceses, y controlaban el comercio a lo largo del río Misuri.

El Cuerpo de Descubrimiento se encontró con los siux-teton cerca de lo que hoy es Pierre, Dakota del Sur. Clark había escrito que era esencial que la expedición tratara a este grupo "de la forma más amistosa y **conciliatoria** posible". Clark estaba nervioso cuando el jefe Buffalo Medicine y algunos otros jefes fueron a hablar con la expedición. Le entregaron (por ser jefe principal) un abrigo militar rojo, un sombrero y una medalla de paz. Los jefes pensaron que los regalos no eran apropiados. Querían un mayor **tributo**. Pensaban que lo apropiado era que la **piragua** (una canoa) estuviera repleta de regalos.

Tres guerreros tomaron la soga de la canoa y apuntaron sus flechas al grupo de la expedición. Clark desenfundó su espada y sus compañeros cargaron el cañón. El jefe Black Buffalo intervino. Tomó la soga y ordenó a los guerreros que se alejaran de la canoa.

A pesar de esta hostilidad, el Cuerpo de Descubrimiento permaneció con los siux-teton durante tres días. Trataron de crear vínculos a través de ceremonias y festejos. Pero cuando la expedición decidió retomar su viaje, hubo más problemas.

Nuevamente, los siux querían más de la expedición. Exigieron que la expedición se quedara con ellos. Eventualmente, el jefe Black Buffalo convenció a los demás jefes siux de que cedieran el paso a la expedición.

Los mandan y los pies negros

Después de escapar de los problemas con los siux, el grupo de Lewis y Clark se dirigió hacia el norte, hacia lo que hoy se conoce como Dakota del Norte. El invierno se acercaba. El pueblo mandan permitió al Cuerpo de Descubrimiento construir un fuerte y pasar el invierno en sus tierras.

La expedición no tuvo los conflictos dramáticos con el pueblo mandan como los que tuvo con los siux. Sin embargo,

Este grabado sobre madera muestra a miembros del Cuerpo de Descubrimiento construyendo el fuerte Mandan.

el comportamiento de los exploradores confundió a los mandan (y a muchos otros grupos de nativos americanos). La mayoría de los colonos blancos que interactuaron con los nativos americanos llegaron como comerciantes. Lewis y Clark hablaban con estos nativos americanos sobre comercio, pero la expedición tenía una clara meta. Trataban de convencer a los nativos de que dejaran de comerciar con los canadienses. El equipo de Lewis quería que los nativos comerciaran con el sistema estadounidense basado en St. Louis, Misuri. El pueblo mandan pensaba que los estadounidenses eran tacaños al negociar.

Probablemente el peor conflicto que tuvo la expedición con los nativos fue con la tribu pies negros. En julio de 1806, Lewis estaba con un pequeño grupo de hombres del Cuerpo de Descubrimiento en lo que hoy es Montana. Clark había ido al sur con algunos hombres a explorar el río Yellowstone.

Lewis y sus hombres se encontraron con un pequeño grupo de hombres pies negros cerca del río Two Medicine. Lewis le dio al líder una medalla de paz y una pequeña bandera. Los grupos decidieron acampar juntos esa noche. Lewis mencionó, usando lenguaje de señas, que los estadounidenses eran ahora aliados de los shoshone y nez percé, tradicionalmente enemigos de los pies negros. Lewis dijo que esas otras tribus recibirían suministros y armas de los Estados Unidos. A los pies negros, este plan de armar a sus enemigos les pareció una amenaza directa. Darles armas a sus enemigos debilitaría el poder de la tribu pies negros.

A la mañana siguiente, los jóvenes pies negros tomaron algunas de las armas de la expedición y trataron de escapar. El soldado Reuben Field apuñaló a un ladrón en el corazón. Lewis disparó a otro hombre. Lewis escribiría más tarde:

> Los llamé diciendo… que les dispararía si no me devolvían mi caballo, y levanté mi arma, uno de ellos saltó tras una roca y habló con el otro, quien se dio vuelta y [se detuvo] a 30 pasos de

> mí, y le disparé en el estómago. Cayó de rodillas y sobre su brazo [derecho] y de ahí, parcialmente se levantó y me disparó, y se volteó y se arrastró detrás de una roca a pocos pies de distancia.

Lewis y sus hombres huyeron del lugar. Les preocupaba lo que harían los pies negros si los alcanzaban, pero lograron escapar. Sin embargo, más adelante, los grupos de guerra de los pies negros mataron a tres exmiembros del Cuerpo de Descubrimiento.

España trata de interceptar al grupo

Los nativos americanos no eran los únicos que tenían problemas con la expedición de Lewis y Clark. Tanto los británicos como los españoles no estaban contentos con la misión de los estadounidenses. Los británicos consideraban la expedición como una competencia para su comercio de pieles. También amenazaba las alianzas que los británicos ya

Publicada en 1811, la ilustración de Patrick Gass muestra la pelea con los pies negros.

habían forjado con los nativos americanos de la región. Para proteger sus propios intereses, Gran Bretaña buscó aumentar su presencia en el noroeste del Pacífico. La reclamación de esta área por parte de los Estados Unidos había sido disputada en el pasado.

El gobierno español trató de **interceptar** la expedición de Lewis y Clark. ¿Por qué? Los españoles creían que cualquier expedición estadounidense que viajara por el territorio de Luisiana posiblemente llevaría a que los Estados Unidos trataran de conquistar los territorios españoles al sur y al oeste. Las fronteras del territorio que Jefferson compró no estaban completamente claras de acuerdo a los términos del Tratado de Compra de la Luisiana, por lo que España estaba en lo cierto al sospechar que el Cuerpo de Descubrimiento trataba de penetrar en el territorio español.

España también tenía miedo de dejar que la expedición entrara en contacto con los nativos americanos en las praderas del sur. Nuevos socios comerciales, como los estadounidenses, podrían tener diferentes bienes que comprar y vender, mejores precios u otras oportunidades para los nativos. Los líderes españoles temían que la expedición de Lewis y Clark tratara de poner a los nativos americanos en contra de los españoles.

Los primeros dos grupos enviados por los españoles para impedir el paso de Lewis y Clark no entraron en contacto con el Cuerpo de Descubrimiento. En cambio, solo recorrieron lo que hoy es Nebraska y Kansas. Esto no es muy sorprendente. Después de todo, el río Misuri estaba lejos de la base española y las áreas recorridas por estos grupos eran muy vastas.

El tercer grupo se encontró con un grupo liderado por Zebulon Pike, quien había sido enviado por Jefferson para explorar el Oeste.

Aun cuando los europeos y los nativos americanos se oponían a la expedición de Lewis y Clark, estos conflictos no impidieron que el Cuerpo de Descubrimiento lograra sus muchos objetivos.

CAPÍTULO TRES

Se cumplen las metas

La expedición de Meriwether Lewis, William Clark y el Cuerpo de Descubrimiento duró desde mayo de 1804, hasta septiembre de 1806. El valiente y atrevido equipo recorrió más de 7,689 millas (12,374 km) desde Camp DuBois, cerca de St. Louis, Misuri, hasta el océano Pacífico en Oregón y de regreso a Misuri.

El presidente Thomas Jefferson les había puesto a Lewis y Clark muchas metas para su expedición. Una de ellas era estudiar las características naturales de las nuevas tierras al oeste del río Misisipi. Esta era una tarea particularmente difícil, pues el área a recorrer era muy vasta. En este sentido, el Cuerpo de Descubrimiento tuvo mucho éxito. Un ejemplo de su éxito es que el equipo de Lewis y Clark hizo importantes aportes al conocimiento de los volcanes del continente. El primer volcán avistado fue el Monte Hood, en lo que hoy es Oregón. También observaron capas de lava en la meseta de Columbia en el noroeste del Pacífico.

Entre las metas de Jefferson para la expedición estaba encontrar un vía de agua a lo largo del continente, llamado "el paso del noroeste". Jefferson le escribió lo siguiente a Lewis:

Harry Weber creó esta escultura de bronce titulada *El regreso del capitán* para celebrar el bicentenario del regreso de Lewis y Clark a St. Louis, Misuri.

La meta de tu misión es explorar el río Misuri, y su caudal principal, pues por su curso y comunicación con las aguas del océano Pacífico podría ofrecer la comunicación más directa y práctica a través del continente… Quienes vengan después de nosotros… terminarán de pintar el cuadro que nosotros comenzamos.

Este mapa muestra la ruta seguida por la expedición de Lewis y Clark. La línea amarilla muestra la travesía de ida y la roja, la travesía de regreso.

Jefferson, al igual que los exploradores a lo largo de los siglos, había soñado con una simple ruta acuática que cruzara Norteamérica. Esa ruta sería más rápida que los caminos por tierra o por mar que existían para transportar bienes a los mercados de Asia y, desde el oeste, a las zonas del este más pobladas de Estados Unidos. Jefferson se imaginaba que las personas se establecerían más rápidamente en el Oeste si viajaban navegando por el noroeste.

Usando medidas y observaciones científicas, los exploradores hicieron informes precisos sobre el curso, profundidad y corriente del río Misuri; y trazaron sus **afluentes.** Descubrieron que ni el río Misuri, ni el Columbia, podían navegarse hasta su nacimiento. No existía tal cosa como "el paso del noroeste". Esta exploración fue una labor muy ardua, incluso tuvieron que cargar los botes para sortear cascadas y terrenos accidentados. Aunque fue una decepción, ese conocimiento significaba el logro de otra meta. Lewis y Clark registraron hechos sobre la geografía de la joven nación y compartieron sus conocimientos con el pueblo de Estados Unidos.

Haciendo mapas

William Clark era el principal cartógrafo del Cuerpo de Descubrimiento. Aprendió a hacer mapas mientras estaba en el ejército en la década de 1790. Durante la expedición, Clark preparó cuatro tipos de mapas. Hizo pequeños mapas del tamaño de una página en sus diarios. A veces, estos pequeños mapas eran muy detallados. Algunos muestran características que afectaban la habilidad del viajero de navegar por ríos, como los rápidos, estrechos y cascadas.

Un ejemplo excelente de un mapa del diario es el que Clark creó de las Grandes Cascadas del río Columbia en el noroeste del Pacífico. Usó flechas para mostrar la dirección de las corrientes del río. Usó diferentes colores, amarillo para la arena y marrón para las formaciones rocosas. Dibujó lugares para atracar canoas alrededor de las cascadas. Y también había notas sobre las diversas naciones nativoamericanas que vivían en la zona.

Tanto Lewis como Clark copiaron o dibujaron mapas de acuerdo a la información que recibían de los nativos y comerciantes. Desde St. Louis hasta las grandes cascadas del poderoso río Misisipi, un barquero francés que ya había estado en la región ayudó a guiar la expedición. Él y otros comerciantes ofrecieron información para los mapas creados durante el comienzo de su travesía. A medida que el Cuerpo de Descubrimiento viajaba más hacia el Oeste, el grupo dependió más de los mapas de los nativos americanos para entender el paisaje más allá de lo que se veía. A veces estos mapas se trazaban en la tierra, otras veces sobre pieles de animales. Lewis y Clark copiaron estos mapas en sus diarios y en papel de mapa.

Durante el invierno de 1804, un jefe mandan llamado Big White (o Shahaka) le dio mucha información a Clark sobre el área del río Yellowstone, en Wyoming. El jefe había estado recientemente allí de cacería. Clark usó esa información para crear el primer mapa del río Yellowstone y sus afluentes.

La mayoría de los mapas nativoamericanos que Lewis y Clark recopilaron, mostraban áreas al oeste de las Montañas

La escultura de Doug Hyde, *Hospitalidad de los nez percé,* muestra al jefe Twisted Hair compartiendo su conocimiento sobre la tierra con Lewis y Clark.

Rocallosas. El jefe Twisted Hair de la tribu nez percé dibujó un mapa que mostraba los ríos que yacían más allá del campo. El 18 de octubre de 1805, William Clark escribió en su diario sobre otro mapa nativoamericano:

> El gran jefe y uno de las naciones de Chim-nâ pum dibujaron un boceto para mí del [río] Columbia y las tribus de su nación, que viven en sus orillas y sus aguas, y el río Tâpe têtt que está a 18 millas más arriba en el lado oeste.

Clark hizo mapas compuestos del Oeste, combinando información de varios mapas en un mapa más grande. Pero los mapas más comunes que hizo Clark se llaman "mapas de brújula". Estos mapas mostraban la ruta que la expedición había tomado cada día. Era necesario usar muchos instrumentos científicos y mucho tiempo para crear los mapas detallados. Estos mapas son algunas de las fuentes más importantes de información provenientes de la expedición de Lewis y Clark. El conocimiento de los ríos, planicies, montañas y otros accidentes geográficos del continente se expandió gracias a los esfuerzos de la expedición de Clark.

Diarios y exploración científica

El presidente Jefferson fue muy claro al pedirles a Lewis y Clark que mantuvieran un diario detallado. Los hombres debían reportar todo lo que vieran y vivieran. Muchos de los miembros de la expedición también llevaban diarios.

Los hombres escribían sobre las condiciones de los ríos mientras viajaban. Anotaban las plantas y animales que encontraban en cada etapa del viaje. El grupo registró la información de lo que comía y de los problemas de salud que tenía. Y, por supuesto, escribieron sobre las personas que conocieron, desde Misuri hasta Oregón. Ningún tema se dejaba fuera. En esos días, anteriores a las cámaras, los periódicos ofrecían un vistazo de la vida en el camino.

Durante sus viajes, los hombres del equipo de Lewis y Clark actuaron como científicos. Observaron sus alrededores y condujeron experimentos. Por ejemplo, midieron la velocidad y distancia viajadas por agua todos los días. Lo hicieron usando "carretes de cuerda". Un carrete de cuerda está hecho con soga dividida en longitudes conocidas. La cuerda se ataba a un objeto fijo o a una boya cercanos al barco, en el agua. Cuando el barco se movía hacia adelante, los hombres calculaban cuánto tiempo le tomaba a la cuerda estirarse. Los hombres usaban carretes de cuerda para determinar la velocidad de la corriente. Todos los días hacían tablas con el "curso y la distancia" para registrar la dirección y distancia de cada segmento del viaje. El grupo

(Continúa en la página 40)

Las mujeres ayudan en la expedición

Cuando Lewis y Clark salieron de Misuri en 1804, su expedición estaba compuesta solo por hombres. En noviembre de 1804, el Cuerpo de Descubrimiento conoció a una mujer nativa americana llamada Sacagawea y a su esposo francés canadiense, Toussaint Charbonneau. Sacagawea pertenecía a la tribu shoshone. Ella hablaba shoshone e hidatsa, su esposo hablaba hidatsa y francés, y un miembro del cuerpo, Francois Labiche, hablaba francés e inglés. Por ello, Sacagawea podía hablar con Lewis o con Clark solo a través de otros dos hombres.

Sacagawea fue contratada por la expedición como guía y traductora. Poco después de unirse a la expedición, dio a luz a su hijo, Jean Baptiste. Cuando el cuerpo necesitó caballos para cruzar las montañas Bitterroot, ella negoció en nombre de la expedición. Hubo muchos momentos durante la travesía en los que la presencia de Sacagawea ayudó al grupo. ¿Por qué? Los nativos americanos sabían que si una mujer con un niño estaba en un grupo, no se trataba de un grupo de guerra. Sacagawea era valiente y trabajaba arduamente. Recolectaba plantas comestibles y excavaba raíces para comer. Cuando un barco estuvo a punto de volcar, Sacagawea recuperó muchos artículos preciosos (documentos y suministros) que se habrían perdido. Hubo otras nativas que ayudaron al Cuerpo de Descubrimiento, pero, en sus diarios, Lewis y Clark solo identificaron a dos por sus nombres: Sacagawea y Watkuweis.

La expedición pasó una semana y media muy dura atravesando las montañas Bitterroot. Los hombres estaban débiles y hambrientos cuando la tribu nez percé los encontró. Los líderes de la tribu debatieron sobre cómo tratar a estos forasteros armados. Watkuweis llegó al

El artista Alfred Russell creó, en 1904, este cuadro titulado *Sacagawea guiando la expedición de Lewis y Clark.*

rescate del grupo. De joven, había sido capturada por los pies negros. Durante ese tiempo, conoció a algunos comerciantes de pieles; y esos forasteros blancos habían sido amables con ella. Watkuweis le rogó a su tribu que no lastimara al grupo de Lewis y Clark. Gracias a sus esfuerzos, los nez percé proporcionaron guías, caballos, comida y direcciones al grupo, tanto en el otoño de 1805 como en la primavera de 1806.

también trató de registrar los patrones climáticos del Oeste.

El presidente Jefferson quería información sobre las plantas y animales del territorio de Luisiana, y de más allá de sus fronteras. El Cuerpo de Descubrimiento tomó notas detalladas sobre el aspecto y comportamiento de toda clase de seres vivos, animales y vegetales. Por ejemplo, el grupo pasó el invierno de 1805 a 1806 en Oregón. El 26 de febrero, Lewis escribió extensamente en su diario sobre un pez llamado eulachon, o pez salvador. También hizo un dibujo en tamaño real de este pez, que constituía una fuente de alimento para los nativos americanos. Lewis describió dónde lo había encontrado y dio muchos detalles sobre su aspecto. Notó que el pez era tan graso que, después de ser secado, ardía como una vela.

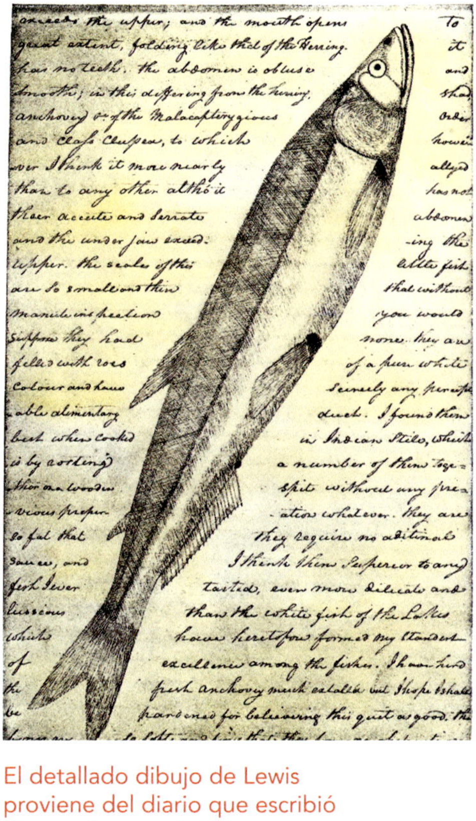

El detallado dibujo de Lewis proviene del diario que escribió durante la expedición.

Recolectando muestras

Durante el curso de la expedición, el grupo de Lewis y Clark vio osos, coyotes, antílopes y muchos otros animales que jamás habían visto antes. Registraron observaciones de 1222 animales y 178 plantas que no eran previamente conocidas por los estadounidenses. Esto representó un enorme crecimiento en el conocimiento científico de nuestra nación.

El Cuerpo de Descubrimiento no se limitó a escribir sobre las plantas y animales. También recogió muestras. Meriwether Lewis envió a Washington una urraca, un pájaro blanco y negro, para que el presidente Jefferson lo viera por sí mismo.

Una de las historias más entretenidas sobre la recolección de muestras tiene que ver con los perros de la pradera. Lewis y Clark llegaron al primer "pueblo" de perros de la pradera en septiembre de 1804, cerca de lo que hoy es Fort Randall Dam, Nebraska. William Clark escribió el 7 de septiembre en su diario sobre las interacciones de la expedición con estos animales:

> Descubrimos una "aldea" de pequeños animales que cavan en la [tierra] (los franceses llaman a esos animales *Petite Chien*) Matamos a uno y atrapamos a otro [vivo] [vertiendo] una gran cantidad de agua en su cueva, intentamos llegar al lecho de esos animales, después de cavar 6 pies [1.8 metros], nos dimos cuenta, con ayuda de una vara que insertamos, de que no habíamos llegado ni a la mitad de su guarida... La aldea de estos animales [cubre] cerca de 4 acres [1.6 hectáreas] de tierra en una suave colina y contiene grandes números de orificios sobre los cuales estos pequeños animales se sientan erguidos, haciendo un ruido similar a un [silbido] y [cuando tienen miedo] regresan a su orificio. Vertimos en uno de esos orificios 5 barriles de agua sin llenarlo. Estos animales son del tamaño de una pequeña [ardilla]... excepto por las orejas que son más cortas, su cola es como la de una [ardilla] terrestre, la cual sacuden mientras silban cuando están [alarmados]. Tienen largas uñas y un hermoso pelaje.

La expedición incluyó un perro de la pradera, vivo, entre las muestras de plantas, animales y rocas enviadas al presidente Jefferson desde el fuerte Mandan, Dakota del Norte, en 1805. Este envío llegó a Monticello el 25 de agosto de 1805.

Observación de los nativos americanos

Otra importante meta de la expedición de Lewis y Clark era que el grupo observara e tomara contacto con los nativos americanos del Oeste. El presidente Jefferson quería saber de qué vivían, qué comían y cómo preparaban sus alimentos. ¿Cuáles eran las relaciones entre los hombres y mujeres nativos? Jefferson quería que el Cuerpo de Descubrimiento estudiara sus idiomas y costumbres. Él quería saber más sobre su práctica de la medicina.

Cada vez que el Cuerpo de Descubrimiento tenía un encuentro con nativos americanos, los hombres escribían sus observaciones. En ocasiones, estos encuentros duraban solo algunos días. Otras veces, la expedición pasaba más tiempo en un lugar. Por ejemplo, los miembros de la expedición se quedaron cerca de los mandan durante el invierno de 1804 hasta 1805.

Sin importar con qué tribu interactuaran, Lewis, Clark y muchos de los otros oficiales tomaron notas detalladas. A veces, los diarios describían técnicas de cacería y cultivo. Los exploradores describían las casas tribales, tales como las chozas de tierra de los indios de las praderas.

Los exploradores aprendieron mucho de los pueblos nativos sobre medicina tradicional. Aun cuando Lewis y Clark muchas veces no estaban de acuerdo con las explicaciones de los nativos sobre el porqué de las enfermedades, a menudo usaban sus remedios en vez de los propios. Cuando Lewis enfermó en 1805, se tomó dos dosis de un líquido preparado con ramas de capulín. Pocas horas después de tomar este remedio, se sintió totalmente bien.

Los nativos americanos usaban flores de la pradera para curar mordeduras de serpientes. Los cheyenes hacían té para aliviar la tos usando una planta ahora conocida como cabeza de elefante (*Pedicularis groenlandica*). Después de la expedición, muchas personas que no creían en la medicina profesional decidieron usar los remedios nativos que Clark había descrito.

Los miembros del cuerpo aprendieron cómo las tribus hacían sus canoas. Lewis dibujó una canoa nativa en su diario. El grupo escribió sobre las ceremonias y bailes que observaron. Incluso los rituales de belleza fueron detallados. Por ejemplo, Lewis escribió en su diario que la tribu chinook les aplanaba

York

Sacagawea es aclamada como miembro vital del Cuerpo de Descubrimiento. Muchos nativos americanos ayudaron al tremendo éxito de la expedición de Lewis y Clark. Otro importante miembro del Cuerpo de Descubrimiento fue un hombre afroamericano. William Clark llevó consigo a su esclavo York a la expedición. York tenía la misma edad de Clark.

York participó en toda clase de trabajos. Una anotación escrita sobre York cuenta que nadó hacia un banco de arena para recoger hierbas para la cena de los hombres. York también se ocupó del sargento Charles Floyd cuando estuvo enfermo, en agosto de 1804. Y aunque no se les permitía a los esclavos manejar armas a menos que vivieran en la frontera y tuvieran licencia para hacerlo, York usaba un arma regularmente para cazar para el grupo.

York fue el primer hombre negro en cruzar Norteamérica al norte de México. Su fuerza y características físicas únicas fascinaron a muchos de los nativos americanos a lo largo del viaje. Algunos historiadores afirman que la presencia de York dio prestigio al grupo a ojos de los nativos americanos.

Los mandan y otras tribus estaban intrigados por York (*a la derecha*), el esclavo de William Clark.

la cabeza a sus niñas (y a algunos varones también).

Además de solicitar que aprendieran sobre los nativos americanos, el presidente Jefferson también pidió a Lewis y Clark que reclutaran a miembros de las tribus para que visitaran Washington y los estados del Este. El presidente esperaba que los pueblos nativos se asombraran de lo civilizados que eran los Estados Unidos. Quizás dichos viajes despertarían en los nativos americanos el deseo de comerciar con el país. Jefferson quería impresionar a los nativos con la cantidad de personas que vivía en el Este. En un discurso a los siux-yankton en agosto de 1804, el capitán Lewis les dijo a los nativos americanos:

> ¡Hijos! Sepan que el gran jefe que les ha ofrecido la inalterable mano de la amistad, es el gran jefe de las diecisiete naciones de América, cuyas ciudades son tan numerosas como las estrellas de los cielos, y cuyos pueblos, al igual que la grama de las planicies, cubren sus campos cultivados y tiendas indias, el vasto terreno alcanza desde la frontera occidental del Misisipi, hasta los Grandes Lagos del Este, donde la tierra termina y el sol sale desde la faz de las grandes aguas.

Otro ejemplo del éxito de la expedición de Lewis y Clark es que una **delegación** de nativos americanos fue hasta Washington. En marzo de 1805, un jefe misuri y el jefe oto, Little Thief, estaban entre quienes se reunieron con el presidente Jefferson. En esta reunión, el presidente de los Estados Unidos dijo que esperaba que hubiera paz y prometió bienes a cambio.

CAPÍTULO CUATRO

De un mar reluciente a otro

Tanto la Compra de la Luisiana como la expedición de Lewis y Clark tuvieron efectos duraderos en el futuro de Estados Unidos. Si estos hechos no hubieran ocurrido, nadie sabe cuánto tiempo le hubiera llevado al país expandirse hacia el Oeste. Ambos eventos fueron esenciales para abrir el continente norteamericano a los asentamientos de los blancos estadounidenses.

Antes de que ocurriera la Compra de la Luisiana, hubo muchas discusiones sobre si era una buena idea. Mirando hacia atrás, no cabe duda de que fue una negociación increíble. Por algunos centavos por acre, el territorio de la Compra de la Luisiana, con el tiempo, se convirtió en parte de quince estados diferentes de Estados Unidos. Algunos historiadores han dicho que, junto a la Declaración de Independencia y la Constitución, el Tratado de Compra de la Luisiana es "una de las tres cosas que crearon los Estados Unidos modernos".

Sin esta compra, es poco probable que los Estados Unidos se hubieran convertido en la potencia continental que es

Esta empalizada es apenas una parte de la recreación de Fort Clatsop en el Parque Nacional Histórico Lewis y Clark, en Oregón.

en la actualidad. Las ideas estadounidenses de libertad y democracia se diseminaron por el continente, gracias a la adquisición de estas tierras. Jefferson quería establecer "un imperio de libertad" y, para los colonos no nativos, tuvo éxito.

La Compra de la Luisiana también hizo que la influencia internacional de Estados Unidos creciera a ritmo acelerado. El Tratado de Compra de la Luisiana incluía casi 830,000 millas cuadradas (2.15 millones de km^2) de territorio. El territorio era más grande que España, Francia, Italia, Alemania, Suiza, los Países Bajos y las Islas Británicas combinados. También era más grande que la compra de Alaska a los rusos, hecha en 1867. Ese territorio comprendía 586,412 millas cuadradas (1.5 millones de km^2) y costó $7.2 millones. Esta compra fue ridiculizada por el Congreso y, antes de ratificarse por un voto en 1867, se referían a ella como "la Locura de Seward", (nombre del secretario de Estado, James H. Seward).

La Compra de la Luisiana aumentó las riquezas de Estados Unidos. Al momento de la compra, Thomas Jefferson no conocía el valor de los recursos naturales que había dentro de sus fronteras. Pero aún antes de que Jefferson supiera con certeza algo de este territorio, confiaba en que la compra beneficiaría financieramente a los Estados Unidos. Él dijo: "La fertilidad del país, panorama y alcance, prometen ser de significativa ayuda para nuestro tesoro, una amplia provisión para nuestra posteridad, y un vasto campo para las bendiciones de la libertad". ¿Qué quiso decir Jefferson? Él consideraba la Compra de la Luisiana como una inversión para el futuro del país. ¡Y fue realmente una gran inversión!

El oro, plata y otros metales de estas tierras han traído grandes oportunidades a los estadounidenses. También lo hicieron los vastos bosques y campos para la cría de animales y la agricultura.

Ciertamente, la compra del territorio de Luisiana fue esencial para la expansión de los Estados Unidos hacia el Oeste. El conocimiento de este territorio también era importante para que las personas se mudaran hacia el Oeste. Al respecto, la expedición de Lewis y Clark fue clave para el comienzo de la expansión del país hacia el Oeste.

La Senda de Oregón

La expedición de Lewis y Clark seguramente sentó las bases para que las generaciones futuras viajaran y se establecieran en el Oeste. Muchas áreas por las que el Cuerpo de Descubrimiento viajó se convirtieron en parte de la Senda de Oregón. La Senda de Oregón era la ruta principal migratoria usada por quienes se mudaban hacia el Oeste. Fue una parte esencial de la expansión

Obra de Albert Bierstadt, de 1863, *Senda de Oregón (Fogata)*, que muestra la vida en la senda.

de los Estados Unidos hacia el Oeste. Estos viajeros emprendían la travesía a pie, a caballo o en carretas. A menudo, hacer el recorrido tomaba de cuatro a seis meses. La Senda de Oregón se usó principalmente entre 1841 y 1869. Su importancia se redujo una vez que el ferrocarril transcontinental se completó en 1869.

Posteriormente, en la década de 1800, la expedición de Lewis y Clark fue citada como un ejemplo del Destino Manifiesto. ¿Qué significa ese término? Era la idea o actitud de que los Estados Unidos no solo podían, sino que estaban destinados a extenderse de una costa a la otra. Llevando la bandera estadounidense por todo el continente, el Cuerpo de Descubrimiento buscaba mostrar a todos quién estaba a cargo.

Abriendo camino

Algunos han descrito la expedición de Lewis y Clark como "la acampada más grande de todos los tiempos". Fue una travesía llena de aventura, sin duda. Pero en realidad, el Cuerpo de Descubrimiento fue la primera expedición científica financiada por el Gobierno de los Estados Unidos. Su éxito sentó las bases para futuras exploraciones del vasto territorio del país.

Cuando Lewis y Clark se dirigieron hacia el Oeste la imagen típica del oeste del continente era muy diferente a la actual. Posiblemente se creía vacía en su interior, con una sola cadena montañosa que dividía el Oeste del continente.

Dentro de los siguientes cinco años de la expedición de Lewis y Clark, cada vez más cartógrafos y exploradores siguieron sus pasos. En la década de 1850, el Cuerpo de Ingenieros Topógrafos del Ejército hizo un estudio de la frontera del norte y del sur. El mapa de la parte oeste del continente se veía como en los mapas de hoy.

Las notas botánicas y especímenes que Lewis y Clark enviaron a Jefferson dio inicio al conocimiento científico de la nación. Crearon la base para la primera publicación científica que ilustraba y describía las plantas halladas al oeste del Misisipi. Los especímenes se volvieron parte de la colección permanente de la Academia de Ciencias Naturales de Filadelfia.

Pompey's Pillar

Una relación duradera establecida con la población nativa se creó entre Lewis y Clark y el hijo de Sacagawea, Jean Baptiste "Pompy" Charbonneau. Clark disfrutaba tanto de la compañía del niño que llamó a una formación de piedra arenosa, usada como monumento, Pompy's Tower. Ahora se conoce como Monumento Nacional Pompey's Pillar. Clark talló su nombre y la fecha, 25 de julio de 1806, en la roca. El tallado es la única evidencia visible de que la expedición estuvo en el sitio.

Clark ofreció adoptar al niño después de la expedición, y su padre lo permitió en 1813, un año después de la muerte de Sacagawea. El joven Pompy fue educado en St. Louis y luego llevado a Europa, donde conoció a miembros de la aristocracia, y aprendió alemán y español (él ya hablaba francés, inglés y dos idiomas nativos). Pompy regresó a los Estados Unidos y pasó tiempo en la frontera, como lo hizo su padre. Vivió una vida llena de aventuras y murió a los sesenta y un años, en Oregón.

El principio del fin

Lewis y Clark trataron de establecer el control de Estados Unidos sobre muchas tierras y pueblos del territorio de Luisiana (y más allá del territorio). Para cuando emprendieron la travesía de descubrimiento, cientos de **generaciones** de pueblos nativos habían vivido en las áreas cercanas al río Misuri. Muchos expertos dicen que el Cuerpo de Descubrimiento fue exitoso por lo que aprendió de los nativos americanos a lo largo de su camino.

Durante sus viajes, Lewis y Clark establecieron algunas relaciones amistosas con diversas tribus nativoamericanas del continente. Los escritores Allen Pinkham y Steven Evans han escrito sobre las relaciones entre el Cuerpo de Descubrimiento y los nez percé. Hablaron sobre cómo los nez percé y la expedición se separaron en julio de 1806 en Montana. Dijeron: "Para estas jóvenes guías y la nación nez percé, el tiempo pasado con el Cuerpo de Descubrimiento había llegado a su fin. El equipo de exploración se había desmantelado ese otoño (1806), pero la asociación y la alianza con los estadounidenses apenas comenzaba".

Sin embargo el Cuerpo de Descubrimiento no dejó una buena impresión en todas las tribus nativoamericanas con las que se encontraron. Por ejemplo, el choque con los pies negros creó sentimientos muy negativos hacia los Estados Unidos. Años después de la escaramuza que acabó con la vida de dos pies negros, la tribu mató a tres exmiembros de la expedición de Lewis y Clark.

Considerando la expansión hacia el Oeste desde un punto de vista a largo plazo, muchos nativos americanos ven la expedición de Lewis y Clark como "el comienzo del fin" para sus pueblos. A medida que los colonos estadounidenses se adentraron cada vez más en el Oeste, muchos de los vínculos entre el Cuerpo de Descubrimiento y los pueblos nativos se fueron quebrantado. Algunos colonos consideraban las tierras del Oeste como suyas (de los estadounidenses) solamente.

El concepto de Destino Manifiesto animó la colonización del Oeste y el desplazamiento de los nativos americanos de los territorios valorados por los colonos blancos. Con el tiempo, el destino de los nativos cambió. La mayoría de las tribus perdieron su poder e independencia. Algunos fueron desplazados a reservas indias. El estilo de vida nómada de otras tribus tuvo que cambiar pues los colonos blancos ansiaban echar raíces sin compartir las tierras con las personas que habían estado allí desde mucho antes. Muchos nativos americanos también murieron de enfermedades que llevaban los colonos y viajeros que llegaron después de Lewis y Clark.

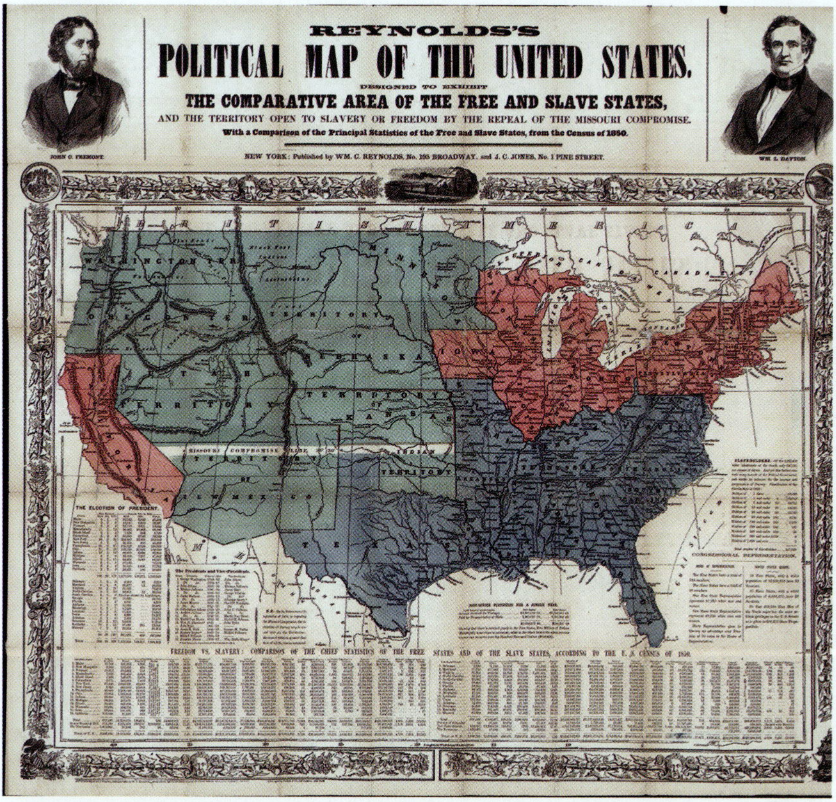

William C. Reynolds y J. C. Jones crearon este mapa en 1856 para mostrar el área comparativa de los estados esclavos y de los estados libres y el territorio abierto a la libertad o a la esclavitud por la derogación del Compromiso de Misuri.

La esclavitud y el Compromiso de Misuri

Una expansión del territorio que permitía la esclavitud en los Estados Unidos fue otra consecuencia de la Compra de la Luisiana. Al momento de la compra, se permitió la expansión de la esclavitud en el valle del río Misisipi y Luisiana.

En 1820, se aprobó una ley conocida como el Compromiso de Misuri. Esta ley tenía como meta mantener el equilibrio en el Congreso entre los estados libres y los estados esclavos. Excepto por Misuri, el Compromiso de Misuri "impedía la esclavitud en el territorio de Luisiana al norte de la línea de **latitud** 36°30'" (según la Biblioteca del Congreso). Esta nueva ley admitía la entrada de Maine a los Estados Unidos como un estado que no permitía la esclavitud, y a Misuri como estado esclavista.

A medida que continuaba el siglo XIX, la tensión y la hostilidad aumentaron entre los estadounidenses a favor y en contra de la esclavitud. El Compromiso de Misuri fue **revocado** en 1854 por la Ley Kansas-Nebraska. Apenas tres años después, la Corte Suprema declaró en la decisión Dred Scott que el Compromiso de Misuri era inconstitucional y que el Congreso no podía prohibir la esclavitud en los territorios estadounidenses. El desacuerdo sobre la esclavitud y los derechos de los estados a tomar sus propias decisiones llevó a la Guerra Civil en 1861.

Nuevas aventuras y diarios

Después de que el Cuerpo de Descubrimiento se disolviera, en el otoño de 1806, Meriwether Lewis fue nombrado gobernador del territorio de Luisiana y murió en 1809. William Clark ocupó diversos cargos gubernamentales. Se convirtió en gobernador del recientemente formado territorio de Misuri en 1813. En 1822, fue nombrado **superintendente** de asuntos indios. Clark murió en 1838.

En agradecimiento por su servicio, el Gobierno de Estados Unidos dio tierras a cada miembro del Cuerpo de Descubrimiento (excepto a York). Lewis y Clark recibieron cada uno 1,600 acres (647 ha). Los demás miembros de la expedición recibieron 320 acres (129 ha).

Los diarios del Cuerpo de Descubrimiento tuvieron un impacto duradero en los Estados Unidos. Estos diarios no fueron publicados después de la expedición porque Lewis y Clark estaban ocupados en sus nuevas labores. Clark comenzó a preparar los diarios para su publicación después de la muerte de Lewis. Los diarios se publicaronfinalmente en 1814.

En 1978, el Servicio Nacional de Parques estableció el Camino Histórico Nacional de Lewis y Clark. Este camino conecta once estados y muchas tierras nativoamericanas. Con una distancia aproximada de 3,700 millas (5,955 km), el camino se extiende desde el río Wood, en Illinois, hasta la desembocadura del río Columbia, en Oregón. Quienes quieran explorar esta región pueden seguir los pasos del Cuerpo de Descubrimiento, sabiendo que las tierras han sido preservadas para las futuras generaciones de exploradores.

Cronología

Las fechas en verde corresponden a hechos tratados en este volumen.

28 de septiembre de 1542: Juan Rodríguez Cabrillo "descubre" la California de nuestros días. Reclama la región para España.

Febrero de 1682: El explorador francés, René-Robert Cavelier, sieur de La Salle, lidera una expedición por el río Misisipi. Reclama para Francia el territorio en el que el río Misisipi desemboca desde Canadá hasta el golfo de México. Llamó a ese territorio Luisiana.

1 de octubre de 1800: Francia y España redactan el Tratado de San Ildefonso. El tratado transfiere el control de Luisiana, incluyendo el puerto de Nueva Orleans, de España a Francia.

18 de enero de 1803: El presidente Thomas Jefferson solicita fondos para una expedición para explorar el Oeste de los Estados Unidos.

30 de abril de 1803: Los Estados Unidos, bajo la presidencia de Jefferson, compran 828,000 millas cuadradas (2.1 millones de kilómetros cuadrados) de tierra al oeste del río Misisipi de Francia en una negociación conocida como la Compra de la Luisiana.

20 de octubre de 1803: El Senado de los Estados Unidos ratifica el Tratado de Compra de la Luisiana.

30 de noviembre de 1803: Luisiana es transferida oficialmente del control español al francés.

20 de diciembre de 1803: Francia oficialmente transfiere Luisiana a los Estados Unidos.

14 de mayo de 1804: Meriwether Lewis y William Clark salen de Camp DuBois con el Cuerpo de Descubrimiento para explorar el territorio de Luisiana y tratar de encontrar una ruta por mar hacia la costa del Pacífico.

20 de agosto de 1804: El sargento Charles Floyd muere por causas naturales cerca de Sioux City, Iowa. Es el único miembro de la expedición que muere durante la travesía.

Noviembre de 1804: Lewis y Clark conocen a la mujer shoshone Sacagawea y su esposo franco-canadiense, Toussaint Charbonneau, en Dakota del Norte. Son contratados como guías e intérpretes de la expedición.

24 de diciembre de 1804: El Cuerpo de Descubrimiento termina de construir el fuerte Mandan en la actual Dakota del Norte. Allí se quedan durante el resto del invierno.

13 de junio de 1805: La expedición llega a las Grandes Cascadas del Río Misuri.

Noviembre de 1805: El Cuerpo de Descubrimiento llega al océano Pacífico.

3 de julio de 1806: El Cuerpo de Descubirmiento se divide en dos grupos. Lewis y algunos hombres exploran el río Marais. Clark y el resto del grupo proceden hacia el río Yellowstone.

27 de julio de 1806: Meriwether Lewis y Reuben Field matan a dos miembros de la tribu pies negros en una escaramuza.

12 de agosto de 1806: Los grupos de Lewis y Clark se reúnen cerca de Sanish, Dakota del Norte.

23 de septiembre de 1806: La expedición de Lewis y Clark regresa a St. Louis, casi dos años y medio después de partir.

3 de marzo de 1820: Se sanciona el Compromiso de Misuri, excluyendo la esclavitud en los territorios de Luisiana al norte de la latitud 36°30', exceptuando a Misuri.

2 de diciembre de 1823: El presidente James Monroe declara que los continentes estadounidenses "en lo adelante no serán considerados como objeto de futura colonización por parte de ninguna potencia europea". Este principio se conocería como la Doctrina Monroe. Junto con la idea de Destino Manifiesto, ofrece apoyo para la expansión hacia el Oeste.

28 de mayo de 1830: El presidente Andrew Jackson firma la Ley de Traslado Forzoso de los Indios, que permitía el traslado forzoso de los nativos americanos desde sus tierras a otras no colonizadas al oeste del Misisipi.

2 de marzo de 1836: En medio de una guerra con México, Texas declara su independencia de México. La guerra termina con Texas como territorio independiente. El tema de la esclavitud retrasa su entrada a los Estados Unidos casi diez años.

22 de mayo de 1843: Un grupo de mil colonos estadounidenses sale de Independence, Misuri, hacia el territorio de Oregón en una caravana de carretas, por lo que se conocería como Senda de Oregón. Les seguiría una inmigración a gran escala.

Julio-agosto de 1845: John L. O'Sullivan acuña el término "Destino Manifiesto" en un artículo de la anexión de

Texas publicado en la revista *United States Magazine and Democratic Review.*

10 de febrero de 1846: Miembros de la Iglesia de Jesucristo de los Santos de los Últimos Días (mormones) huyen de la persecusión en Illinois y van al Oeste, hacia territorio controlado por México. Se establecen en el valle de Great Salt Lake, en Utah.

25 de abril de 1846: Comienza la guerra Mexicano-Estadounidense por la frontera disputada entre Texas y México.

24 de enero de 1848: James Marshall descubre oro en el aserradero de John Sutter, en California.

2 de febrero de 1848: Representantes de los Estados Unidos y México firman el Tratado de Guadalupe Hidalgo, poniendo fin a la guerra Mexicano-Estadounidense y cediendo más de 500,000 millas cuadradas (1.3 millones de km cuadrados) a los Estados Unidos.

9 de septiembre de 1850: California se convierte en el trigésimo quinto estado.

30 de diciembre de 1853: Estados Unidos compra 29,670 millas cuadradas (76,845 km^2) de México en lo que se conoce como la compra Gadsden. El área se convertirá luego en parte de Arizona y Nuevo México.

30 de mayo de 1854: El Congreso aprueba la Ley Kansas-Nebraska, anulando el Compromiso de Misuri y hace de la voluntad popular el factor determinante en permitir que la esclavitud exista en un estado.

20 de mayo de 1862: El presidente Abraham Lincoln firma la Ley de Asentamietos Rurales, la cual ofrece a los colonizadores 160 acres (65 hectáreas) de tierras públicas al oeste del Misisipi siempre que vivan en las tierras por cinco años consecutivos.

1 de julio de 1862: El Congreso aprueba la Ley del Ferrocarril del Pacífico, la cual ayuda en la construcción del ferrocarril transcontinental desde Council Bluffs, Iowa, hasta la costa del Pacífico. El ferrocarril se construye entre 1863 y 1869.

10 de mayo de 1869: Los trabajadores conectan los Ferrocarriles Union Pacific y Central Pacific. Los pasajeros pueden viajar de Nueva York a California en apenas ocho días.

Glosario

afluentes ríos que fluyen y desembocan en otros con mayor masa de agua.

Botánica estudio científico de las plantas.

conciliatorio que tiene la intención de calmar a una persona o a un grupo.

continental la sección de tierra firme de los Estados Unidos, que no incluye Alaska o Hawái.

concejo reunión o asamblea realizada con el propósito de consultar o aconsejar.

delegación grupo de representantes o delegados.

derogar revocar o cancelar una ley o ley federal.

diplomacia la profesión o actividad de manejar las relaciones internacionales, a menudo a través de representantes de un país en el extranjero.

diplomático un funcionario que representa al país en el extranjero (fuera de ese país).

federalista miembro del Partido Federalista, uno de los primeros partidos políticos de los Estados Unidos.

generación un grupo de personas nacidas durante la misma época.

interceptar bloquear u obstruir algo para evitar que alguien continúe su camino para llegar a destino.

latitud la distancia al norte o al sur del ecuador, medida en grados. La longitud es la distancia al este o al oeste del meridiano principal, medida en grados.

motivo razón para hacer algo, en especial una que no es tan obvia.

novato persona que no tiene experiencia en una actividad, alguien que no es profesional y a veces no recibe pago.

piragua una larga canoa construida excavando un único tronco de árbol.

ratificar dar autorización formal a un tratado o acuerdo, haciéndolo oficialmente válido.

retroactivamente que entra en vigencia a partir de una fecha en el pasado, a menudo usado en términos de legislación.

sedentario que vive en el mismo lugar toda su vida, que no es nómada o migratorio.

soberanía la autoridad de un Estado de gobernarse a sí mismo o a otro Estado.

superintendente una persona que maneja o dirige algo.

tributo pago hecho por un grupo o estado a otro, en especial como señal de independencia.

virtud comportamiento que muestra sólidos estándares morales.

Zoología estudio científico de los animales.

Para más información

Libros

Morley, Jacqueline. *You Wouldn't Want to Explore With Lewis and Clark!: An Epic Journey You'd Rather Not Make*. New York: Children's Press, 2013.

St. George, Judith. *What Was the Lewis and Clark Expedition?* New York: Grosset & Dunlap, 2014.

Stille, Darlene R. *The Journals of Lewis and Clark*. Chicago: Heinemann Library, 2012.

Yasuda, Anita. *12 Incredible Facts About The Louisiana Purchase*. North Mankato, MN: 12 Story Library, 2016

Sitios de internet

Kids Discover: The Louisiana Purchase Infographic
http://www.kidsdiscover.com/infographics/infographic-louisiana-purchase
Además de presentar un excelente mapa, este sitio Web muestra la historia tras la Compra de la Luisiana.

National Geographic: Go West Across America with Lewis and Clark
http://www.nationalgeographic.com/west
Viaja por el país con Lewis y Clark en un juego interactivo en el que ayudas a los exploradores a tomar decisiones.

PBS: Lewis and Clark
http://www.pbs.org/lewisandclark
Sigue la expedición usando mapas de caminos y aprende más sobre las tribus de nativos americanos que Lewis y Clark conocieron.

Bibliografía

Libros

Fleming, Thomas. *The Great Divide: The Conflict Between Washington And Jefferson That Defined a Nation.* Boston: Da Capo Press, 2015.

———. *The Louisiana Purchase.* Hoboken, NJ: John Wiley & Sons, Inc., 2003.

Hoxie, Frederick E., and Jay T. Nelson, eds. *Lewis & Clark and the Indian Country: The Native American Perspective.* Urbana: University of Illinois Press, 2007.

Josephy, Alvin M., Jr., ed. *Lewis and Clark Through Indian Eyes.* New York: Alfred A. Knopf, 2006.

Kastor, Peter J., ed. *The Louisiana Purchase: Emergence of an American Nation.* Washington, DC.: CQ Press, 2002.

Levinson, Sanford, and Bartholomew H. Sparrow, eds. *The Louisiana Purchase and American Expansion, 1803–1898.* Lanham, MD: Rowman & Littlefield, 2005.

Pinkham, Allen V., and Steven R. Evans. *Lewis and Clark Among the Nez Perce: Strangers in the Land of the Nimiipuu.* Washburn, ND: The Dakota Institute Press, 2013.

Artículos en línea

"After Lewis & Clark—Rivers, Edens, Empires: Lewis & Clark and the Revealing of America." Biblioteca del Congreso. Obtenido el 14 de noviembre de 2016. https://www.loc.gov/exhibits/lewisandclark/lewis-after.html.

Allen, Michael. "The Federalists and the West 1783–1803." Universidad Portland State. Obtenido el 14 de noviembre de 2016. https://journals.psu.edu/wph/article/download/3549/3380.

"Basic Information—Lewis & Clark National Historic Trail." Servicio Nacional de Parques. Obtenido el 15 de noviembre de 2016. https://www.nps.gov/lecl/planyourvisit/basicinfo.htm.

"Captain Meriwether Lewis's Speech to the Yankton Sioux, August 30, 1804." Servicio Nacional de Parques, Missouri National Recreational River. Obtenido el 14 de noviembre de 2016. https://www.nps.gov/mnrr/planyourvisit/upload/L&CSpeech.pdf.

"Continuing the Legacy of Lewis and Clark." USGS. Obtenido el 14 de noviembre de 2016. https://www2.usgs.gov/features/lewisandclark/factsheet2.pdf.

"Fort Mandan Winter." Discovering Lewis & Clark. Obtenido el 11 de noviembre de 2016. http://www.lewis-clark.org/article/1463.

Harriss, Joseph. "How the Louisiana Purchase Changed the World." *Smithsonian*, abril de 2003. http://www.smithsonianmag.com/history/how-the-louisiana-purchase-changed-the-world-79715124.

"The Journals of the Lewis and Clark Expedition." Universidad de Nebraska–Lincoln. Obtenido el 14 de noviembre de 2016. http://lewisandclarkjournals.unl.edu.

"Lewis and Clark and the Nez Perce." Servicio Nacional de Parques. Obtenido el 14 de noviembre de 2016. https://www.nps.gov/nepe/learn/historyculture/lewis-and-clark.htm.

"Lewis and Clark Expedition Discoveries and Tribes Encountered." National Geographic. Obtenido el 14 de noviembre de 2016. http://www.nationalgeographic.com/lewisandclark/resources_discoveries_tribe.html.

"Lewis & Clark Expedition: Scientific Encounters." Servicio Nacional de Parques. Obtenido el 14 de noviembre de 2016. https://www.nps.gov/nr/travel/lewisandclark/encounters.htm.

"The Louisiana Purchase: Jefferson's Constitutional Gamble." National Constitution Center, 20 de octubre de 2016. http://blog.constitutioncenter.org/2016/10/the-louisiana-purchase-jeffersons-constitutional-gamble.

"Primary Documents in American History: Louisiana Purchase." Biblioteca del Congreso. Obtenido el 9 de noviembre de https://www.loc.gov/rr/program/bib/ourdocs/Louisiana.html.

"Robert Livingston." Biography.com. Retrieved November 9, 2016. http://www.biography.com/people/robert-r-livingston-9383941#new-constitution-and-after.

Ronda, James P. "The Teton Confrontation." The Journals of the Lewis and Clark Expedition, University of Nebraska. Obtenido el 16 de noviembre de 2016. http://lewisandclarkjournals.unl.edu/read/?_xmlsrc=lc.ronda.01.02.xml&_xslsrc=LCstyles.xsl.

———. "Why Lewis and Clark Matter." Smithsonian, August 2003. http://www.smithsonianmag.com/history/why-lewis-and-clark-matter-87847931/?no-ist.

"Sergeant Patrick Gass." PBS. Obtenido el 11 de noviembre de 2016. http://www.pbs.org/lewisandclark/inside/pgass.html.

"Thomas Jefferson—Message to the Senate of January 11, 1803, Regarding Louisiana." Proyecto Avalon, Escuela de Derecho de Yale. Obtenido el 10 de noviembre de 2016. http://avalon.law.yale.edu/19th_century/tj003.asp.

Índice

Los números de página en **negritas** son ilustraciones. Las palabras en **negrita** son términos en el glosario.

Acerca del autor

Desde ciencia circense hasta gomitas, **ALICIA KLEPEIS** adora investigar sobre temas divertidos y fuera de lo común que hacen que la prosa sea fascinante para los lectores. Alicia comenzó su carrera en la National Geographic Society. Ha escrito muchos libros infantiles, incluyendo *Bizarre Things We've Called Medicine*, *Goblins*, *Understanding Saudi Arabia Today* y *The World's Strangest Foods*. Su novela histórica para grados intermedios, *A Time for Change,* fue publicada en 2016. Vive con su familia en el norte del estado de Nueva York, aunque le gustaría volver sobre los pasos de Lewis y Clark algún día. Al igual que estos exploradores, escribe cartas a personas que están lejos y escribe un diario.